Congrès Scientifique de France

XXIVᵐᵉ SESSION TENUE A GRENOBLE

DE LA DÉCADENCE
DE
L'ART DRAMATIQUE

PAR

A. R. DE LIESVILLE

PARIS
CHEZ TARIDE, LIBRAIRE
2, RUE DE MARENGO, 2

1858

DE LA DÉCADENCE

DE

L'ART DRAMATIQUE

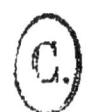

Congrès Scientifique de France

XXIVme SESSION TENUE A GRENOBLE

DE LA DÉCADENCE

DE

L'ART DRAMATIQUE

PAR

A. R. DE LIESVILLE

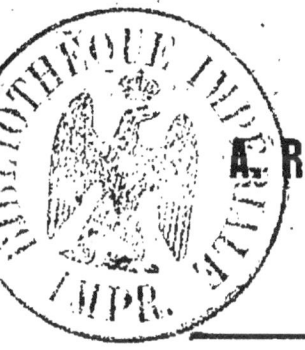

PARIS

CHEZ TARIDE, LIBRAIRE

2, RUE DE MARENGO, 2

1858

A Monsieur le Comte de Saint-Paterne.

SOUVENIR AFFECTUEUX.

De la Décadence de l'Art dramatique en France,

DE SES CAUSES

ET DES MOYENS A EMPLOYER POUR LUI DONNER

UNE MEILLEURE IMPULSION.

Voici une de ces questions si souvent agitées et dont jusqu'à présent on a vainement cherché la solution. Désespérant peut-être de la trouver jamais, et comprenant cependant de quelle haute importance il serait d'en découvrir une favorable à l'avenir de l'art théâtral, cette question est restée à l'ordre du jour. On en a fait l'objet d'une espèce d'enquête perpétuelle, et elle est souvent posée comme un programme littéraire ou chacun peut déployer sa science, où plutôt ses patientes recherches et son érudition.

Pour l'ordinaire, il s'agit moins de démontrer les causes de cette décadence en s'appuyant de raisons solides, d'arguments irréfragables, que d'essayer de la prouver par des comparaisons plus ou moins justes avec les théâtres grec, latin, espagnol, allemand, italien ou anglais, sans réfléchir qu'il ne peut exister aucune comparaison entre l'art dramatique des anciens et celui né d'une civilisation moderne ; et je dirai même qu'il est absurde de mettre en parallèle le génie qui a dicté les œuvres de Shakespeare, de Schiller, de Lopes de Vega, d'Alfieri ou de Muffès avec celui qui a inspiré et inspire encore les auteurs dramatiques de la scène française.

L'art dramatique n'est-il pas toujours l'expression des idées et des penchants de la génération qui le produit; grand, lorsque l'époque est aux grandes choses, faible et incertain aux époques de faiblesse et de transition?

La tragédie et la comédie ne naissent point comme les autres productions littéraires, qui peuvent quelquefois se passer du suffrage du public contemporain, le braver, s'en moquer même au grand divertissement de la postérité, l'auteur dramatique est forcé de consulter l'opinion du jour pour assurer le succès de sa pièce. Il ne peut donc que refléter cette opinion, quelle qu'elle soit, et c'est là sa faiblesse ; c'est peut-être, comme je l'ai déjà dit, la seule cause de la décadence de l'art dramatique. Celui qui trouvera un remède à cet état de choses sauvera l'art de cette langueur dont on se plaint avec raison.

Les œuvres d'un autre genre, qui sont destinées à immortaliser un siècle, sont souvent très-mal accueillies du public contemporain qui ne les goûte pas et qui même ne les comprend pas. C'est ainsi que la plupart des œuvres dont la France se glorifie aujourd'hui sont le fruit d'un travail libre et indépendant; leurs auteurs écrivaient pour honorer leur patrie ou pour leur gloire personnelle sans rien attendre de leurs contemporains. Presque toujours placés dans une position aisée, ou du moins sachant la rendre telle par un travail particulier, ils se sentaient libres de la pression qu'exerce souvent à son insu un public léger et inconstant, ainsi que l'oppression tyrannique de la spéculation dont la littérature contemporaine est devenue l'objet. La plaie des éditeurs, sous toutes les formes, est une des plus funestes qui puisse affliger les gens de lettres. Ce sont eux qui font et défont les réputations, qui saignent, appauvrissent et ruinent la littérature; qui paralysent les efforts du véritable génie et trompent le public en lui offrant les œuvres de leurs faux grands hommes, dont ils exploitent habilement le savoir-faire, comme l'expression la plus haute de la littérature contemporaine.

Toute littérature née sous cette double pression renferme en elle un germe de mort. Tout homme de lettres qui consent à subir l'espèce de torture morale que d'avides spéculateurs lui imposent, doit renoncer à la gloire qui est le partage des esprits libres et indépendants, car il n'est pas d'avenir pour celui qui profane son talent au service des passions ou des intérêts éphémères.

Quant aux œuvres dramatiques, celles qui ont bravé les siècles et les civilisations, elles sont nées avant le public des théâtres.

Ce fait peut paraître paradoxal, mais il est cependant fondé sur l'histoire même du théâtre. Une fois ce public formé, il s'érige en tribunal souverain, repoussant toute œuvre qui s'écarte de la voie tracée, condamnant les auteurs à se plier à certaines exigences souvent tout à fait contraires à leurs inspirations : étouffant ainsi le génie particulier à chacun d'eux sous une pression aussi tyrannique que celle des éditeurs, mais qui du moins n'a rien d'avilissant pour l'auteur dramatique qui en est l'objet.

N'est-ce point là la véritable raison qui fait que les œuvres dramatiques modernes ont un certain air de famille qui, à la longue, les rend très-ennuyeuses, je dirai même presque insupportables?... Rien en elles ne dénote cette force de jeunesse, cette simplicité de combinaison, cette vigueur de touche, cette étrangeté d'exposition enfin qui devait vivement frapper et enthousiasmer un public novice d'émotions, mais d'autant plus sensible aux beautés de ces œuvres grandioses!...

Qu'on se figure quelles durent être les impressions de ce public, non encore blasé, à l'époque où les œuvres des grands maîtres se sont révélées pour ainsi dire tout à coup, car les productions informes des Jodelle, des Garnier, des Hardy, ces prédécesseurs de Corneille et Racine, n'avaient pu donner que d'imparfaites notions de l'art théâtral, et par conséquent il ne devait pas y avoir un public prétentieux et despote comme celui qui régente aujourd'hui la scène. Etienne Jodelle, qui croyait suppléer au manque d'action par une déclamation outrée, n'avait pu former un public sérieux. Il en était de même de Robert Garnier et Alexandre Hardy. Les pièces languissantes et froides du premier, l'ignorance de toute règle du second, qui semblait se moquer des convenances théâtrales, n'auraient pu instruire le public et lui donner cette assurance dont il abuse maintenant, d'une manière si fâcheuse pour les progrès de l'art. Aussi les auteurs modernes ont dû et doivent encore se borner à la servile imitation de l'art parvenu à sa plus haute expression par suite de cette liberté qui ne saurait renaître pour eux,

Deux courants se partagent donc le monde littéraire, l'un qui impose sa pensée, qui domine l'opinion, qui fait prévaloir ses beautés et ses défauts; l'autre, qui suit modestement la route tracée, qui accepte l'opinion toute formée, se bornant à la modifier légèrement selon l'impulsion que lui communique un public d'élite.

Nos grands auteurs dramatiques se sont heureusement trouvés à l'époque où chacun était libre de suivre celui qui cadrait le mieux avec ses inspirations; ils ont su profiter de cette liberté pour donner à leurs conceptions ce parfait ensemble qui est le vrai cachet du génie. On a cherché à les imiter, on y est peut-être parvenu, mais quelque belle que soit une copie, c'est toujours l'original que l'on préfère.

D'ailleurs, ainsi que je l'ai dit, l'art dramatique ne peut plus suivre aujourd'hui ce libre courant qui a donné naissance aux grands auteurs dont la France est si fière. Cependant nos auteurs peuvent encore concevoir et écrire d'excellentes comédies. Il y a même de la gloire à captiver les suffrages d'un public que des chefs-d'œuvre ont rendu difficile, et pour l'acquérir ils sauront s'accrocher à toutes les branches de l'art, saisir tout ce que leurs devanciers ont fait de bon, éviter certains défauts qui choquent aujourd'hui les spectateurs, et introduire tous les éléments de succès qu'ils ont oublié ou négligé d'employer et qu'une civilisation plus avancée met à leur portée. Quant à la tragédie, c'est autre chose ; la tragédie étant une imitation d'un fait historique reproduit dans toute sa grandeur et dont tout merveilleux est exclus ; représentant des personnages vrais auxquels l'illustration prête un charme puissant, on comprend qu'il est difficile, pour ne pas dire impossible, de rien créer de neuf, puisque tout a été dit sur ceux dont la mémoire s'est conservée à travers les siècles. Quant à l'histoire moderne, si féconde en grands événements, elle se prête difficilement au genre tragique; nos mœurs, nos usages, notre civilisation repousse cette grandeur, cette sublimité de sentiment sans lesquelles la véritable tragédie ne saurait exister. L'auteur qui veut mettre en scène les personnages que ne protége pas encore cette demi-obscurité que répandent les siècles, tombe dans le drame ou plutôt dans le mélodrame, genre bizarre qui tient à la fois de tous les autres genres et même du genre ennuyeux.

En fait de tragédie, la France a donc accompli son œuvre, elle ne saurait faire mieux. En remontant à son origine, nous voyons que les premières qui parurent sur le théâtre d'Athènes étaient mal conçues, uniformes, d'un intérêt secondaire; deux ou trois acteurs suffisaient à leur interprétation et quelquefois un seul. Eschyle, Sophocle et Euripide portèrent l'art à son plus haut degré de perfection. Depuis ces grands tragiques, l'art resta stationnaire. N'est-ce point là la marche que la France a suivie?...

Quant aux Romains, ils se contentèrent d'abord de traduire les poëtes Grecs. Les premières tragédies tirées ainsi des auteurs de la Grèce furent représentées à Rome environ cent soixante ans après la mort de Sophocle et d'Euripide. Ce fut à Lilius Andronicus que la république romaine eut cette obligation.

Les Romains excellèrent-ils plus tard dans l'art tragique; eurent-ils vraiment des auteurs comparables à ceux dont la Grèce était justement si fière? C'est une question assez difficile à traiter et qu'il me semble téméraire de résoudre affirmativement, ainsi que l'ont fait plusieurs critiques français, car il ne nous reste d'eux, en fait de tragédie, que quelques pièces du précepteur de Néron, et en vérité il serait presqu'outrecuidant de prétendre connaître l'état de la littérature dramatique du peuple-roi, d'après les simples essais d'un philosophe que l'histoire ne nous donne pas comme un véritable poëte tragique.

Il serait peut-être fastidieux de s'arrêter plus longtemps sur l'état de l'art dramatique des deux seuls peuples dont les œuvres nous sont assez connues pour les comparer à celles des modernes, malgré les leçons ou plutôt les inductions que nous pouvons en tirer. Chez eux, il y eut en effet une époque brillante après laquelle l'art sembla s'amoindrir. Si le même fait se représente parmi les peuples modernes, on pourrait en conclure que, semblables aux individus, les nations qui sont parvenues à l'apogée de la force, de la puissance et de la gloire, rencontrent en elles-mêmes des éléments de faiblesse et de dissolution. Alors, après un temps donné, elles tombent peu à peu dans une langueur fatale, pendant laquelle d'autres nations se forment, qui profiteront des connaissances amassées pour briller à leur tour sur la grande scène du monde!... D'après cette supposition, la décadence dont on s'effraye justement serait un des symptômes précurseurs de cette dissolution du grand corps qu'on appelle peuple, nation, royaume, ou plutôt de sa transformation en d'autres agrégations ; phénomène dont l'histoire des peuples offre de si fréquents et si terribles exemples !...

Mais non; ce n'est point ainsi qu'il faut considérer les événements dont nous sommes témoins. Ce qui se passe aujourd'hui n'a aucun rapport avec la décadence d'Athènes et de Rome. La civilisation chrétienne ne peut être comparée à celle des païens. Le principe de vie des nations modernes ne peut périr, et les progrès surprenants dont nous sommes les heureux ouvriers, ceux non moins merveilleux que nous avons en perspective, tout nous annonce, au contraire, que le moment d'arrêt que subit l'art dramatique n'est point cette redoutable décadence dont on parle tant. Corneille, Racine, Molière et d'autres encore, ayant porté l'art dramatique, tel que nous le connaissons, à son plus haut degré de splendeur, il ne saurait progresser, mais il subira nécessairement, à un temps donné, de nouvelles transformations dont aujourd'hui nous ne nous faisons nulle idée, quoiqu'il soit impossible de ne pas pressentir de grands changements dans notre manière de voir, de sentir et d'envisager les choses. Il suffira donc d'un homme de génie, comme il en naît toujours au moment où les événements sont prêts, pour nous montrer de nouvelles routes inexplorées encore, où l'art dramatique pourra prendre un nouvel et brillant essor.

C'était donc une heureuse pensée qui poussait Alexandre Dumas à fonder un théâtre destiné à de nouvelles créations. Il est fâcheux que de semblables entreprises soient si peu encouragées et présentent d'aussi grandes difficultés d'exécution ; car c'est peut-être le plus sûr moyen de hâter le moment où des destinées imprévues s'ouvriront à l'art dramatique. Enfin, pour résumer mes idées sur l'état actuel de cet art, sur les causes de son apparente décadence, sur les moyens à employer pour la prévenir et pour donner à la scène une meilleure impulsion, je demanderai d'abord à ceux qui se plaignent de cette décadence, s'ils ont bien approfondi les conditions d'existence et de prospérité du théâtre, si l'art peut raisonnablement dépasser certaines limites?...

Poser ainsi la question, n'est-ce pas la résoudre?...

Examinons maintenant les conditions de l'art comique proprement dit. On a beaucoup parlé de la fameuse inscription adoptée par un de nos théâtres: *Le Français né malin créa le vaudeville.* Or, si l'on se reporte à l'origine de la comédie, on se convaincra que le vaudeville est antérieur, et que la comédie, telle que nous l'entendons aujourd'hui, est de création plus moderne, ainsi que l'explique le mot *komedia* qui signifie *une action chantée dans le village ou la rue*. C'était probablement quelque farce débitée sur les traiteaux par des artistes nomades, qui parcouraient les villes et les villages, comme cela se pratique encore aujourd'hui sur les places et carrefours des champs de foires.

Ces farces chantées, puis dialoguées, ont dû passer par bien des phases, avant d'atteindre la forme affectée à la simple comédie. Eupolis, Cratinus, Aristophane et Ménandre ont eu nécessairement des prédécesseurs qui nous sont inconnus, mais qui avaient déjà profondément modifié les farces informes dont le peuple Grec se contentait dans les commencements.

Les Romains, simples imitateurs des Grecs, ont eu plusieurs auteurs comiques parmi lesquels on cite Plaute, qui copia la manière d'Aristophane, et Térence, qui s'essaya dans le genre de Ménandre.

Pendant les troubles qui suivirent la chute de l'empire Romain, et jusqu'à l'époque de la renaissance, il ne paraît pas que l'on se soit beaucoup occupé de théâtre. Cependant les peuples, toujours insensibles aux grandes catastrophes, eurent probablement des spectacles de plus d'un genre, mais l'art fut abandonné et la postérité n'a rien recueilli de digne d'être noté; la barbarie régnait partout, et étouffait tout ce qui aurait pu se produire.

A la renaissance des lettres, chaque nation se forma un théâtre selon son caractère propre, mais toutes empruntèrent au théâtre Grec les principales règles et formules déterminées par l'instinct du beau, qui est le même chez toutes les nations, quoiqu'il varie dans son expansion selon les noms de chacune d'elles.

C'est ainsi que Lopes de Vega, sans s'écarter trop du type antique, a communiqué à ses pièces cette gravité superbe, cette enflure romanesque pleine d'exagération qui distinguent le peuple Espagnol.

Un peuple dont l'envie, la servilité et la jalousie détruisent les plus nobles penchants, les Italiens se révèlent dans leur théâtre par des caractères dont la bassesse, la fourberie et la ruse l'emportent sur les plus belles qualités. Les valets y jouent ordinairement le premier rôle.

Sombres, orgueilleux et cruels, les Anglais eurent pour interprète un des plus beaux génies de la scène. Shakespeare sut admirablement rendre les défauts et les qualités de ses compatriotes. Ses œuvres portent un cachet de brutale grandeur, qui répugne autant que la crudité de ses expressions.

Pleine d'ambitieuses prétentions à l'esprit, et surtout à cette politesse qui pallie jusqu'au vice lui-même, le théâtre Français est certainement celui qui renferme l'ensemble des plus aimables vertus, de défauts et de crimes motivés, si l'on peut s'exprimer ainsi, qui communiquent à ses spectacles un attrait que n'eut pas ceux des autres nations. Ajoutez que nulle part on ne sait peindre aussi finement, aussi délicatement ces mille ridicules qui, sur les autres scènes, ont un caractère trop décidé et cessent d'intéresser parce qu'ils cessent d'être naturels.

Le théâtre Allemand est peut-être celui qui a le plus d'analogie avec le genre Français ; mais le caractère et la langue de nos voisins d'outre-Rhin altèrent singulièrement cette ressemblance. Leurs plaisanteries sont lourdes et fades. La vertu paraît ennuyeuse et le vice odieux sans compensation.

CONCLUSION.

La tragédie ayant atteint le plus haut degré de vérité et de grandeur d'expression, ne saurait dépasser les limites du beau, tel que la société actuelle est en état de l'aimer, de le concevoir. Il en est de même de la comédie. Cependant, celle-ci trouvera sans cesse de nouvelles nuances, car, étant fondée sur les mœurs du jour, elle doit les suivre et varier avec elles. Pour maintenir la tragédie au point où l'ont portée les grands génies dont la France est justement si fière, de puissants encouragements peuvent être nécessaires ; mais il ne saurait en être de même pour la comédie : celle-ci trouve un public jaloux de ses droits, qui repousserait toute pièce qui serait l'objet d'une protection autre que la sienne.

Soyons donc sans inquiétude sur le sort à venir du théâtre ; attendons avec patience que le temps ait mûri les intelligences et préparé de nouvelles voies à l'humanité. Notre époque promet beaucoup, n'étouffons pas ses aspirations, n'arrêtons pas sa marche, et nos espérances se réaliseront peut-être plus tôt que ne semblent le permettre les circonstances actuelles.

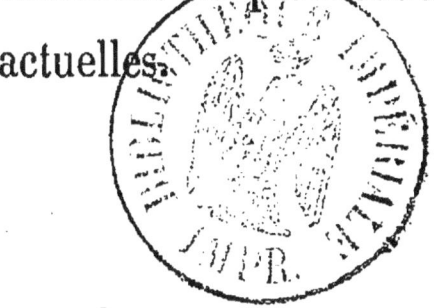

FIN

Paris. — Typ. Walder, rue Bonaparte, 44.

DU MÊME AUTEUR :

CATALOGUE DES MOLLUSQUE VIVANTS

AUX ENVIRONS D'ALENÇON.

Chez BAILLIÈRE, libraire, rue Hautefeuille, 19

In-8º. Prix.................................... » **50**

EXAMEN CRITIQUE ET IMPARTIAL

DE LA THÉORIE DE M. DE FRARIÈRE

SUR L'ÉDUCATION ANTÉRIEURE

Chez TARIDE, libraire, rue de Marengo, 2.

In-18. Prix...................... 1 fr.

EN PRÉPARATION :

BAGNOLES-LES-BAINS (ORNE)

HISTOIRE. — GÉOLOGIE. — BOTANIQUE ET PROMENADES.

Un volume in-18.

PARIS. — IMPRIMERIE WALDER, RUE BONAPARTE, 44.

www.ingramcontent.com/pod-product-compliance
Lightning Source LLC
Chambersburg PA
CBHW030101230526
45471CB00003B/1195